어린이와 함께하는

Kids Together

성경공부

본 교재는 교회와 가정을 연결하는 아동부 교육목회 해피투게더의 어린이 성경공부 부분으로,
어린이들이 말씀중심으로 다양한 신앙의 주제를 배울 수 있는 성경교재입니다.

어린이와 함께하는

Kids Together

성경공부 3-1

발행일 | 2012년 9월 5일

발행인 | 양금희
편집인 | 이지영, 김은식
디자인 | 류선미, 박지원
발행처 | 장로회신학대학교 기독교교육연구원
주소 | (143-756) 서울시 광진구 광장로 5길 25-1 (광장동 353)
전화 | 02)450-5424~5
팩스 | 02)458-4613
홈페이지 | www.ceri.co.kr

에듀랜드 Eduland | 에듀랜드는 Education, Land의 합성어로 '교회교육이 숨쉬는 땅'을 표현하는 기독교교육연구원의 상징입니다.

차례

알려두기

쏘옥! 말씀 이야기

어린이가 쉽게 이해할 수 있는 성경메시지를 어린이들과 함께 읽습니다.

아하! 나는 성경박사!

본문의 핵심 내용에 대한 질문을 나누고 대답합니다.

꼬마 말씀사전

본문에 나오는 용어, 지명, 인물 등에 대한 설명을 듣고 이해합니다.

가자, 세상으로!

배운 말씀을 어린이의 생활 속에 담습니다.

말씀을 생각하며 기도해요

오늘의 말씀을 생각하며 결단의 기도를 드립니다.

꿈

하나님이 주신 진짜 꿈

(사사기 6:11~16)

쏘옥! 말씀 이야기

이스라엘 자손이 하나님 앞에서 악한 일을 저질렀어요. 그래서 하나님은 이스라엘 백성들을 미디안 나라에 넘겼지요. 이로 인해 이스라엘 백성들은 **미디안** 사람들을 피해서 산에 있는 동굴과 요새에 도피처를 마련했어요. 요아스의 아들 기드온도 다른 사람들처럼 미디안 사람들을 피해 다니며 아무런 꿈도 희망도 없이 하루하루를 살아갔답니다. 그러던 어느 날 기드온은 평소와 마찬가지로 미디안 사람을 피해 포도주 틀에서 밀이삭을 타작하고 있었어요. 그때 하나님이 기드온에게 찾아와 말씀하셨어요. "용사야, 너에게 있는 그 힘을 가지고 가서, 이스라엘을 미디안의 손에서 구하여라. 내가 친히 너를 보낸다." 하나님의 말씀을 들은 기드온은 너무나 놀랐어요. "주님, 제가 어떻게 이스라엘을 구할 수 있습니까? 저의 가문은 **므낫세 지파** 가운데서 가장 약하고, 또 저는 아버지의 집에서도 가장 어린 사람입니다." 그러나 주님은 말씀하셨어요. "내가 반드시 너와 함께 있을 것이니, 네가 미디안 사람들을 마치 한 사람을 쳐부수듯 쳐부술 것이다."

하나님은 아무런 꿈도 없이 살아가던 기드온에게 직접 찾아가셔서 꿈을 심어주셨어요. 하나님을 만나기 전 기드온은 꿈도 없이 살았지만 하나님을 만난 후 하나님이 주신 꿈을 갖게 되었어요. 하나님이 주신 진짜 꿈이 생긴 기드온은 그 꿈을 이루기 위해서 하나님의 말씀에 순종하며 열심히 노력했어요. 그 결과 300명의 용사로 미디안 군대를 물리치고 이스라엘은 미디안으로부터 해방되는 역사가 일어나게 되었지요. 이처럼 기드온은 하나님을 만나 꿈이 생겼고 그 꿈을 이루기 위해서 최선을 다해 기도하고 노력했던 꿈의 사람이었답니다.

아하! 나는 성경박사!

1 꿈이 없던 기드온은 하나님의 말씀을 듣고 뭐라고 말했나요?

"용사야, 이스라엘을 미디안의 손에서 구하여라. 내가 친히 너를 보낸다."

"주님, 나의 가문은 므낫세 지파 가운데서 가장 ___하고, 또 나는 아버지의 집에서도 가장 ______ 사람입니다."

2 꿈도 용기도 없던 기드온이 하나님을 만나고 난 후에 어떻게 바뀌었는지 써보세요.

before

after

꼬마 말씀사전

미디안 : '미디안'은 아브라함과 후처인 그두라(창 25:2, 대상 1:32)의 아들의 자손, 또는 그들이 살던 요르단 강 동편지역을 가리키는 말이에요. 모세는 이집트에서 도망쳐 미디안에서 40년 동안 양떼를 치며 살기도 했으며(출 2:16~22), 사사시대에는 이스라엘 민족을 7년 동안 괴롭혔던 민족이에요(삿 6:1).

므낫세(지파) : '므낫세'는 이스라엘, 즉 야곱의 손자이자 요셉의 맏아들로 므낫세 지파의 시조가 된 인물이에요(대상 5:23). 야곱은 죽기 직전에 므낫세와 에브라임을 양자로 삼았으며(창 48:5), 그의 지파에서는 길르앗, 기드온, 입다와 같이 훌륭한 사사와 용사가 나왔어요.

가자, 세상으로!

1 우리에게는 꿈이 있어요. 내가 가지고 있는 꿈이 무엇인지 써보세요. 그리고 그 꿈이 하나님이 주신 꿈인지, 아니면 나만을 위한 꿈인지 생각해보세요.

내 꿈 목록	하나님이 주신 꿈

2 기드온은 하나님이 찾아와 꿈을 주신 후 삶이 바뀌었어요. 소심했던 마음이 담대한 마음으로, 하나님을 의심했던 마음이 하나님을 신뢰하는 믿음으로 변했지요. 그렇다면 나는 하나님이 주신 꿈을 이루기 위해서 어떠한 점을 바꾸어야 할까요?

성격적인 부분 : ______ 예) 쉽게 화를 내지 않아요.

습관적인 부분 : ______ 예) 늦잠자는 버릇을 고쳐요.

신앙적인 부분 : ______ 예) 말씀을 매일 봐요.

기타 : ______

말씀을 생각하며 기도해요

하나님, 꿈을 주셔서 감사해요. 내가 가지고 있는 이 꿈이 내 자신이 원하는 꿈이 아니라 하나님이 주신 꿈인지 분별할 수 있는 지혜를 주세요. 그리고 하나님이 주신 진짜 꿈을 가지고 그 꿈을 이루기 위해서 노력할 수 있도록 도와주세요. 기드온처럼 하나님이 주신 꿈을 이루어 드리는 꿈의 사람이 되게 해 주세요. 예수님의 이름으로 기도합니다. 아멘.

꿈

구원의 꿈을 주셨어요!
(사도행전 2:1~41)

쏘옥! 말씀 이야기

오순절 날, 마가의 다락방에 여러 사람이 모여 있었어요. 예수님이 부활하신 후 하늘로 올라가시며 다시 오겠다고 한 약속을 믿는 사람들도, 예수님이 곁에 없어서 절망한 사람들도 있었지요. 할아버지도, 엄마 아빠 손을 붙잡고 온 어린 아이도 있었지요. 예수님이 약속하신 성령이 사람들에게 임했어요. 성령을 받은 사람들은 각 나라 말로 기도했어요.
"저 사람들은 갈릴리 사람들인데 어찌 이렇게 많은 지역의 언어로 말합니까?"
"흥! 모두 술에 취해 저러는 걸 거요. 쯧쯧쯧!"
그 광경을 본 사람들은 어리둥절하여 수군거리며 그들을 비웃었어요. 이때, 베드로가 일어나 큰 소리로 말했어요.
"우리는 술에 취한 것이 아닙니다. 이것은 하나님이 **요엘** 선지자를 통해 하신 말씀이 이루어진 것입니다. 하나님은 모든 사람에게 하나님의 영을 부어주신다고 하셨습니다. 그러면 우리의 자녀들은 예언을 하고 젊은이들은 환상을 보고 늙은이는 꿈을 꿀 것이라고 말입니다. 하나님이 말씀하신 그 꿈이 지금 이루어진 것입니다."
하나님이 말씀하신 꿈이 이루어진 것이라니 사람들은 정말 기뻐했어요.
"하나님은 당신들이 십자가에 못 박은 예수를 그리스도가 되게 하셨습니다. 회개하십시오! 죄사함을 받고 성령을 선물로 받으십시오! 이 약속은 모든 사람에게 약속된 것입니다."
하나님은 모든 사람에게 하나님의 영을 부어주셨어요. 늙은이나 젊은이나 남종이나 여종이나 어린 아이들에게까지 하나님의 꿈을 보여주셨지요. 사람들의 마음에는 기쁨이 가득했어요.

아하! 나는 성경박사!

1 예수님은 부활하신 후 하늘로 올라가셨어요. 후에 오순절 날 사람들이 함께 모여 기도할 때 요엘 선지자를 통해 약속한대로 하나님이 부어주신 것은 무엇인가요?

"마지막 날에 나는 내 ○을
모든 사람에게 부어 주겠다" (행 2:17)

2 하나님이 예수님을 믿고 죄사함을 받는 사람에게 성령의 선물을 주신다고 하시며 구원의 꿈을 주셨어요. 빈 칸을 채워보고, 하나님이 주시는 꿈은 누구에게 주시는 것인지 베드로의 말 속에서 찾아 대답해 보세요.

"회개하십시오! 죄사함을 받고 ______을 선물로 받으십시오!
이 약속은 여러분뿐만 아니라 먼 곳에 떨어져 있는
사람까지 모두에게 약속된 것입니다."

꼬마 말씀사전

오순절 : 유월절, 초막절과 함께 이스라엘의 3대 절기 중 하나로, 하나님께 말씀을 받은 것을 기념하는 날이에요. 유월절 후 49일이 지난 제 7주일인 오순절 날에 성령이 예수님의 제자들에게 임한 날을 일컫기도 하지요.

요엘 : 12 소예언서 중 두 번째 책이자 선지자 이름으로, '여호와는 하나님이시다' 라는 뜻이에요. 이스라엘을 향하여 회개하라고 외치며, 하나님의 약속과 심판, 이스라엘에 대한 축복의 내용을 담고 있어요.

가자, 세상으로!

1 하나님은 내게 구원의 꿈을 주시며 나를 통해 그 꿈이 세상에 퍼져나가기를 원하세요. 하나님이 주시는 꿈을 꾸는 내 모습을 그려보고, 그 구원의 꿈을 전하는 사람이 되겠다는 서약서를 만들어 보세요.

"나 ______는 하나님이 주시는
구원을 꿈꾸는 사람입니다.
세상 모든 사람이 하나님의 뜻을 이루려는 마음을
갖도록 예수님을 전하는 꿈의 사람이 되겠습니다."

______년 ___월 ___일 __________(사인)

2 하나님의 사랑이 담긴 열쇠고리를 만들어 친구에게 전하며 예수님의 구원 이야기를 들려주세요.

준비물 : 원목 열쇠고리, 유성 사인펜, 클레이, 색연필 등

만드는 방법

1. 원목 열쇠고리에 유성 사인펜이나 클레이, 색연필 등을 이용해 하나님의 사랑을 상징하는 그림을 그려 넣는다.
2. 어린이들에게 예수님의 구원 이야기를 들려준다.
3. 어린이들이 완성한 열쇠고리를 친구들에게 전해 주며 예수님의 구원 이야기를 들려준다.

말씀을 생각하며 기도해요

하나님 아버지, 오순절에 약속하신 성령님을 보내주시며 예수님을 통한 구원을 꿈꾸게 하신 것처럼 우리에게도 꿈을 주시니 감사합니다. 우리 모두 하나님이 주시는 꿈을 품고 자라게 해주세요. 온 세상이 하나님의 구원을 보게 되리라는 약속을 믿고 예수 그리스도의 복음을 전하는 믿음의 어린이가 되도록 인도해 주세요. 예수님의 이름으로 기도합니다. 아멘.

특별함

하나님이 우리를 특별하게 만드셨어요
(이사야 64:8)

쏘옥! 말씀 이야기

하나님은 6일 동안 세상을 **창조**하신 후 말씀하셨어요.
"우리가 우리의 **형상**을 따라서, 우리의 모양대로 사람을 만들자. 그리고 그가, 바다의 고기와 공중의 새와 땅 위에 사는 온갖 들짐승과 땅 위를 기어 다니는 모든 길짐승을 다스리게 하자."
그리고 하나님의 형상대로 남자와 여자를 창조하셨어요. 주 하나님이 땅의 흙으로 사람을 지으시고, 그의 코에 생명의 기운을 불어넣으시니, 사람이 살아 움직이는 생명체가 되었어요.
하나님은 흙으로 우리를 만드셨어요.
성경은 "우리는 진흙이요, 주는 토기장이시니 우리는 다 주의 손으로 지으신 것이니이다"라고 말씀하고 있어요.
토기장이이신 하나님은 모든 기대와 사랑을 담아 정성스럽게 우리를 만드셨어요. 그렇게 만들어진 우리는 하나님을 닮은 특별한 존재예요.
또 하나님은 우리를 하나님의 형상을 닮게 만들었지만, 한 사람 한 사람에게 독특한 모습을 주시고, 각자에게 맞는 특별한 목적을 주셨답니다. 이처럼 우리는 하나님의 모습을 가진, 각자의 독특함을 가진 특별한 존재입니다.

아하! 나는 성경박사!

1 다음은 토기장이가 만든 그릇들이에요. 다음 빈칸을 채운 후에 말씀을 읽고, "우리" 대신 자기의 이름을 넣고 큰 소리로 읽어보세요.

"그러나 여호와여, 이제 주는 우리 아버지시니이다 우리는 ○○이요 주는 ○○○○시니 우리는 다 주의 손으로 지으신 것이니이다" (사 64:8)

2 우리가 특별한 이유는 토기장이이신 하나님이 만드셨고, 또한 하나님의 ○○을 닮았기 때문이에요. 다음 말씀의 빈칸에 공통적으로 들어갈 말을 찾고, 우리가 누구를 닮아 특별한 것인지 이야기 나누어 보세요.

하나님이 당신의 ○○대로 사람을 창조하셨으니, 곧 하나님의 ○○대로 사람을 창조하셨다. 하나님이 그들을 남자와 여자로 창조하셨다 (창 1:27)

① 그릇　　② 형상　　③ 순서　　④ 진흙

꼬마 말씀사전

형상 : 형상이란 사물의 생긴 모양이나 상태 또는 마음과 감각에 의하여 떠오르는 대상의 모습을 표현한 것, 또는 그러한 형태를 의미해요. 성경에서는 하나님의 형상을 따라 우리 인간을 지으셨다고 이야기해요(창 1:26~27, 5:1, 약 3:9).

창조 : 창조는 하나님의 사역에만 한정되어 사용하는 단어로, 무에서 유가 이루어지는 상태를 말해요(시 33:6, 히 11:3). 하나님께서는 6일 동안 이 세상을 창조하셨어요(창 1, 2장).

가자, 세상으로!

1 나는 하나님께서 만드신 특별한 존재예요. 하나님이 나를 만드실 때 어떤 마음을 가지고 만드셨을지 상상하며, 다음 그림 속에 하나님이 내게 주신 특별한 것들을 적어 보세요.

2 하나님이 특별하게 만든 나는 어떤 사람일까요? 선생님이 나눠 준 뻥튀기를 가지고 특별한 자신의 모습을 만들어 보세요. 그리고 친구들에게 자신을 특별하게 소개해 보세요.

준비물 : 동그란 뻥튀기, 이쑤시개

❶ 뻥튀기를 나눠 주고, 이쑤시개로 구멍을 뚫어 자신의 특별한 얼굴 표정을 만들어 본다.

❷ 뻥튀기를 얼굴에 대고 친구들 앞에서 자신을 소개한다. 자신의 이미지와 맞는 형용사를 사용해서 소개한다. 예) "안녕? 나는 용감하고, 목소리가 큰 ○○○야."

❸ 뻥튀기 하나로 옆에 있는 친구 얼굴을 만들어 친구에게 설명해주며 선물한다.

말씀을 생각하며 기도해요

하나님 아버지, 하나님의 형상대로 우리를 만들어 주셔서 감사해요. 하나님의 모습을 닮아 만들어 졌는데도, 감사하지 못하고 불평하며 나를 사랑하지 못할 때가 많았어요. 하나님이 내게 주신 특별한 모습을 깨닫고, 나를 필요로 하는 곳에 아름답게 사용되도록 도와주세요. 예수님의 이름으로 기도합니다. 아멘.

특별함

하나님께 쓰임받는 특별한 사람
(디모데후서 2:20~25)

쏘옥! 말씀 이야기

바울은 아들과 같이 여기는 디모데에게 많은 것들을 가르쳐 주었어요. 삶이 얼마 남지 않았다는 것을 깨달은 바울은 디모데에게 특별한 편지를 보냈답니다. 그 편지 속에서 바울은 하나님이 우리를 어떻게 만드셨고 사용하시는지를 잘 설명해 주고 있어요.

디모데야! 큰 집에는 금그릇과 은그릇만 있지 않고 나무그릇과 **질그릇**도 있단다. 어떤 그릇은 귀하게 쓰이고, 어떤 그릇은 천하게 쓰이지. 그러나 주인이 정말 특별하게 사용하는 그릇은 깨끗한 그릇이야. 누구든지 자신을 깨끗하게 하면 그는 주인이 온갖 좋은 일에 사용할 만큼 거룩하게 구별된 귀한 그릇이 될 수 있어. 깨끗하고 귀한 그릇이 되기 위해 우리는 욕심을 버리고 깨끗한 마음으로 주님의 사람들과 함께 의와 믿음과 사랑과 평화를 좇아야 한단다. 서로 거역하고, 미워하고 다투지 말고 반드시 **온유**함과 인내로 대해야 한단다.

아하! 나는 성경박사!

1 빈칸에 알맞은 단어를 쏘옥! 말씀 이야기에서 찾아 적고, 읽어 보세요.

누구든지 이런 것에서 자기를 ○○하게 하면 ○○
쓰는 그릇이 되어 거룩하고 주인의 쓰심에 합당하며
모든 선한 일에 준비함이 되리라
(디모데후서 2:21)

2 하나님이 특별하게 만드신 우리 각 사람이 쓰임새에 맞게 사용되기 위해서 어떤 것들이 필요한지 보기 단어들 가운데 찾아서 적어 보세요.

〈보기〉

깨 의 한 심 툼 함 음 욕 유 다 미 음
내 믿 끗 선 마 역 사 화 움 평 거 랑 인 온

예) 깨끗한 마음, 온유 등

꼬마 말씀사전

질그릇 : 질그릇은 잿물을 덮지 않고 진흙으로만 만들어진 투박한 느낌의 그릇을 말해요. 유약을 입히지 않아 깨지기 쉽지만 특별히 공기가 통해 곡식을 저장하거나 약을 끓일 때 사용하지요.

온유 : 하나님께서 성령의 열매로 우리에게 주신 것으로, 성격, 태도 등이 온화하고 부드러운 것을 말해요. 미움과 다툼을 피하기 위해 우리에게 꼭 필요한 성품이지요.

가자, 세상으로!

1 우리를 각각 특별하게 만드신 하나님의 솜씨를 기억하며 즐거운 게임을 해봐요.

❶ 둥글게 원을 그리고 앉는다.

❷ 다같이 4박자 박수를 치고 첫 번째 사람이 교회이름과 자기이름을 넣어 "○○교회에 가면 ○○○도 있고"라고 외친다. 예) **사랑교회에 가면 베드로도 있고**

❸ 다같이 4박자 박수를 치고 두 번째 사람은 앞사람의 이름과 자기이름을 넣어 "○○○도 있고 ###도 있고"라고 외친다. 예) **베드로도 있고 안드레도 있고**

❹ 세 번째 사람은 "○○○도 있고 ###도 있고 ＊＊＊도 있고"라고 외친다.

❺ 순서대로 추가해가며 게임을 진행한다.

❻ 한 판이 끝나면 다음에는 이름 앞에 자신을 소개할 만한 특별한 수식어를 넣어 소개하며 게임을 진행한다.

예) **열정적인 베드로도 있고 / 사랑스런 요한도 있고 / 용감한 다윗도 있고…**

2 내가 깨끗한 그릇으로 하나님께 쓰임 받는 어린이가 되는 것을 방해하는 것들은 어떤 것들이 있나요? 빈칸을 채워 나만의 체크리스트를 만들어 보고 매일 체크하면서 부족한 부분을 위해 기도하도록 해요.

번호	버릴 것	체크리스트	O	×
1	욕 심	동생의 게임기를 빼앗지 않아요.		
2	미 움			
3	짜 증			
4	불순종	부모님의 말씀을 잘 들었어요		
5	다 툼			
6	나쁜말			
7	질 투	친구가 선생님께 칭찬 받으면 함께 기뻐해 주어요.		

말씀을 생각하며 기도해요

우리를 창조하신 하나님, 특별하고 멋진 모습으로 우리를 만들어 주셔서 감사합니다. 우리 모두 미움이나 다툼이 없는 깨끗한 마음을 소중히 간직하여 하나님이 원하시는 대로 귀하게 사용될 수 있도록 도와주세요. 예수님의 이름으로 기도합니다. 아멘.

섬김

아낌없이 섬긴 여인
(마태복음 26:6~13)

쏘옥! 말씀 이야기

예수님께서 **베다니** 시몬의 집에 방문했을 때의 일이에요. 예수님과 제자들이 식탁에 앉아 식사를 하고 있었어요. 그때 한 여인이 들어와 식사하시는 예수님의 머리에 매우 값비싼 **향유** 한 옥합을 부었어요. 예수님 당시에는 귀한 손님이 오면 머리에 향유를 바르는 관습이 있었기 때문이에요. 그런데 이 향유는 쉽게 만들 수가 없었기 때문에 매우 귀했고 그 값이 엄청나게 비쌌어요. 이렇게 귀하고 값비싼 향유를 예수님께 와서 아낌없이 붓는 모습을 본 제자들이 화를 내며 여인에게 말했어요.

"왜 이렇게 낭비하는 거요? 이 향유를 비싼 값에 팔아서, 가난한 사람들에게 줄 수 있었을 텐데 말이오!"

이 모습을 지켜보시던 예수님은 도리어 제자들을 꾸짖으셨어요.

"왜 이 여자를 괴롭히느냐? 가난한 사람들은 늘 너희와 함께 있지만, 나는 늘 너희와 함께 있는 것이 아니다. 이 여자가 내 몸에 향유를 부은 것은, 내 장례를 치르려고 한 것이다."

예수님 당시에는 사람이 죽으면 시체가 부패하는 것을 늦추고 썩는 냄새를 막기 위해서 시체에 향유를 발랐어요. 이처럼 한 여인의 아낌없는 섬김은 제자들의 눈에는 불필요한 낭비처럼 보였지만 이 섬김을 통해서 예수님의 장례를 준비하는 아주 중요하고 특별한 일을 하게 된 것이었어요. 예수님은 또 말씀하셨어요.

"온 세상 어디서든지, 이 복음이 전파되는 곳에서는, 이 여자가 한 일도 전해져서, 그를 기억하게 될 것이다."

여인은 아낌없는 섬김으로 예수님의 장례를 준비하는 매우 중요한 일을 했고, 그로 인해 예수님의 복음이 전해지는 곳마다 그 여인의 섬김이 선해지고 기억되는 놀라운 복을 받았답니다.

아하! 나는 성경박사!

1 다음 그림을 보고, 바른 순서를 찾아서 번호를 적고 이야기를 만들어 보세요.

( )

( )

( )

( )

2 예수님을 섬기기 위해 향유를 부은 여인을 보고 예수님과 제자들은 어떻게 반응했나요? 여인의 섬김을 보고 예수님과 제자들이 다르게 반응한 이유는 무엇일까요?

꼬마 말씀사전

베다니 : 슬픔의 집이라는 뜻으로, 지금도 나사로 동네라고 불리고 있어요(막 11:1, 눅 19:29). 이곳은 마르다, 마리아, 나사로의 동네로, 예수님이 나사로를 살리시고(요 11:1), 한센병자 시몬의 집에서 대접을 받으실 때에 어떤 여인이 귀한 향유를 가지고 와서 주님의 머리에 부었던 일이 일어난 곳이에요(마 26:6, 막 14:3).

향유 : 향이 나는 기름을 말해요. 향이 나는 물질을 감람유에 섞거나(출 30:23~24) 나드처럼 그 자체에 향기가 있기도 해요(막 14:3). 성경에는 예수님의 머리(마 26:7), 발(눅 7:38; 요 11:2)에 향유를 부은 사건이 기록되어 있으며 예수님의 시신을 위해 향품과 향유를 예비한 여인들도 있었어요(눅 23:55~56).

가자, 세상으로!

1 한 여인은 예수님을 섬기기 위해 자신의 가장 귀하고 값진 향유를 예수님께 부었어요. 나는 무엇으로 예수님을 섬길 수 있을까요? 아래 칸에 내가 할 수 있는 섬김과 섬김의 내용을 적어 보세요.

 시간으로 섬겨요	 물질로 섬겨요
 달란트로 섬겨요	______로 섬겨요

2 하나님이 나에게 주신 것으로 예수님을 섬겨요. 우리에게 주신 다양한 것들을 적어 보고 그것을 가지고 어떻게 섬길지 게임을 하며 다짐문을 만들어 보세요.

준비물 : 작은 상자 또는 주머니 4개, 섬김쪽지(부록), 다짐문 적을 종이, 셀로판테이프, 필기도구

진행방법

❶ 섬김쪽지에 이름, 장소, 시간, 섬김 방법 등을 적고, 각각의 종이를 접어 4개의 상자에 나누어 넣는다.

❷ 각 상자에서 섬김쪽지를 하나씩 꺼내고 나온 단어들을 종이에 적어 다짐문을 만든다.

예) 김영훈, 학교, 30분, 기도 – 영훈이는 학교에 다녀와서 잠자기 30분 전에 기도로 예수님을 섬기기로 다짐합니다.

❸ 돌아가면서 다짐문을 발표하는 시간을 갖는다.

말씀을 생각하며 기도해요

하나님, 저에게 많은 것을 주셔서 감사합니다. 하나님께서 저에게 주신 것을 가지고 아낌없이 예수님과 사람들을 섬기는 일에 사용할 수 있도록 도와주세요. 말씀 속 여인처럼 아낌없는 섬김을 통해서 하나님의 일들을 이루었던 것처럼 저의 섬김 또한 사용해 주세요. 예수님의 이름으로 기도합니다. 아멘.

섬김

사랑으로 섬기는 사람
(요한복음 13:14~15)

쏘옥! 말씀 이야기

예수님은 하나님이시지만, 우리를 사랑하셔서 이 땅에 사람의 몸으로 오셨어요. 가장 낮은 곳, 동물들이 살고 있는 마구간에서 태어나시기까지 우리를 섬기기 위해 오셨지요. 누구보다 높으신 분이지만, 스스로 가장 낮은 곳으로 오셨어요. 왜냐하면 우리를 무척 사랑하시기 때문이에요.

예수님은 사랑하는 제자들과 사람들에게 말로만 가르치지 않으시고, 직접 **본**을 보여주셨어요. 어느 날 예수님이 제자들과 함께 식사를 하시며, 수건을 허리에 두르시고, 대야에 물을 떠서 제자들의 발을 씻어주셨어요. 이스라엘에서는 집으로 찾아오는 손님의 발을 종이 씻어주는 전통이 있는데, 많은 사람들의 스승이 되시는 예수님이 제자들의 발을 씻어주시는 거예요. 제자들은 깜짝 놀랐어요. 베드로는 절대 자신의 발을 씻기실 수 없다고 말했어요. 하지만 예수님은 발을 씻기지 않으면 베드로와 예수님은 아무런 상관이 없게 된다고 말씀하셨어요.

예수님이 **섬김**의 본을 보여주신 것이지요. 그리고 제자들에게도 다른 사람들을 섬기는 사람이 되라고 말씀하셨어요. 예수님의 섬김은 발을 씻어주시는 것을 넘어서 십자가에서 완전하게 나타났어요. 죄가 없으신 분이 다른 많은 사람들의 죄를 대신 지시고 십자가에 못 박혀 죽으셨어요. 예수님은 하나님과 같이 높으신 분이지만 우리를 사랑으로 섬기기 위해 이 땅에 낮은 모습으로 온 것이지요. 예수님의 사랑과 섬김은 제자들을 통해 우리에게도 전해지게 되었답니다.

아하! 나는 성경박사!

1 예수님이 제자들의 발을 씻어주셨어요. 자신의 발을 씻지 말라는 베드로에게 예수님은 뭐라고 말씀하셨나요?

2 예수님이 어떤 섬김의 모습을 보여주셨나요?
위의 글에 밑줄을 긋고,
그중 두 가지만 골라서 그림에 적어 보세요.

꼬마 말씀사전

본 : '본보기'와 같은 말로, '어떤 사실을 설명하거나 증명하기 위하여 내세워 보이는 대표적인 것'을 말해요. 예수님이 제자들에게 말씀을 가르치시고 섬김을 실천하는 삶을 살도록 하기 위해 먼저 몸소 보여주신 것을 의미해요.

섬김 : 보통 윗사람을 잘 모시어 받드는 것을 뜻해요. 하지만 하나님과 같으신 예수님은 스스로 낮아지셔서 우리를 사랑으로 대해주셨고, 우리를 위해 십자가에서 죽으시기까지 자신의 모든 것을 주시는 섬김의 모습을 보여주셨어요. 그리고 예수님처럼 다른 사람을 사랑하고 섬기는 삶을 살 것을 명령하셨지요.

가자, 세상으로!

1 예수님이 스스로 낮아져서 우리를 섬겨주신 것처럼 내가 섬겨야 할 사람은 누구인가요? 또한 어떻게 섬길 수 있을지 곰곰이 생각해보고, 아래 칸에 적어 보세요.

내가 섬겨야 할 사람은?	어떻게 섬길까요?

2 섬김은 다른 사람을 향한 것입니다. 내가 먼저가 아닌 다른 사람을 세워주고, 섬겨주는 활동을 함께해 보세요.

준비물 : 긴 젓가락이나 숟가락, 튀밥이나 작은 과자, 작은 볼

진행방법

① 두 명씩 짝지어 앉는다.
② 한 팀에 작은 볼에 든 과자와 긴 젓가락을 나눠 준다(나무젓가락을 고무줄로 연결해도 좋다).
③ 두 명 어린이 모두 가장 먼저 과자를 먹은 팀에게 큰 박수와 함께 작은 선물을 준다.
④ 자신이 먼저가 아닌 다른 사람을 먼저 배려하고, 섬겨주는 어린이가 될 것을 다짐하며 마친다.

말씀을 생각하며 기도해요

하나님, 예수님을 우리에게 보내주시고, 부족한 우리를 사랑하시고 십자가에서 죽으시기까지 우리를 섬겨주시니 감사합니다. 우리도 예수님이 말씀하신 섬김의 삶을 살아가도록 용기와 지혜를 주세요. 예수님을 따라 많은 사람을 섬기고, 예수님의 사랑 안으로 인도할 수 있도록 도와주세요. 예수님의 이름으로 기도합니다. 아멘.

생명

영원한 생명을 믿어요!
(요한복음 20:24~31)

쏘옥! 말씀 이야기

예수님이 십자가에서 죽으신 후 제자들은 유대인들이 자신들을 잡아갈까 무서워 문을 굳게 닫고 숨어 있었어요.
"예수님이 돌아가시다니 정말 믿을 수가 없어."
"이제 우리는 어떻게 하지? 유대인들이 우리를 잡으려고 이리 저리 찾아다니고 있다던데."
예수님은 부활하신 후에 낙심하고 두려워 떨고 있는 제자들 가운데 나타나셨어요. 그리고 자신의 손과 옆구리를 제자들에게 보이시며 예수님이 말씀하시던 대로 다시 살아 나셨음을 제자들에게 보이셨어요. 하지만 예수님이 오셨을 때에 디두모라 불리는 **도마**는 그 자리에 없었어요. 제자들은 도마에게 예수님이 살아나신 소식을 알려주었어요. 하지만 도마는 제자들의 말을 믿을 수 없었어요. 부활과 **영생**은 있을 수 없다고 생각했기 때문이에요. 그리고 제자들에게 자신이 직접 예수님의 손과 옆구리를 보고 그 자국에 자기의 손을 넣어 보지 않고는 믿지 못하겠다고 말했어요. 이렇게 영원한 생명이 있음을 의심하는 도마에게 예수님은 찾아 오셨어요. 그리고 말씀하셨지요.
"도마야, 네 손가락을 이리 내밀어 내 손을 보고 네 손을 내밀어 내 옆구리에 넣어 보거라. 그리하여 믿음 없는 자가 되지 말고 믿는 자가 되라." "예수님! 예수님은 나의 주님이시요 나의 하나님이십니다."
의심하던 도마는 부활하신 예수님을 만나고 부활과 영원한 생명을 믿게 되었어요. 그리고 평생토록 부활하신 예수님과 영원한 생명을 많은 사람들에게 전하는 삶을 살았답니다.

아하! 나는 성경박사!

1 부활하신 예수님을 만나기 전과 예수님을 만난 후에 도마는 어떻게 변화했나요?

예수님을 만나기 전의 도마

예수님을 만난 후의 도마

2 도마는 예수님의 부활을 믿지 못하고 의심했어요. 이런 도마에게 예수님은 직접 찾아와주시고 손과 옆구리를 보여주셨어요. 왜 예수님은 도마에게 찾아오시고 손과 옆구리를 보여주셨을까요?

꼬마 말씀사전

도마 : '디두모' 라고 불리기도 하며 '쌍둥이' 란 뜻을 가지고 있어요. 부활하신 주님을 봤다는 제자들의 말에 자신이 직접 보고 만져보지 않고서는 믿을 수 없다고 함으로써 의심 많은 사람의 대명사로 인식되어 있지만 실은 매사에 확실한 것을 좋아하는 사람이었어요.

영생 : 영원한 생명을 의미해요. 예수 그리스도의 죽으심과 부활을 믿음으로 얻을 수 있어요. 예수 그리스도는 인간의 몸을 입고 오신 하나님으로 죽음을 이기고 승리하셨어요. 예수님을 통해서만 하나님나라에서의 영원한 생명을 얻을 수 있어요.

가자, 세상으로!

1 하나님께서는 우리에게 영원한 생명을 주셨어요. 하나님께서 주신 영원한 생명에 감사하며 '영원한 생명' 으로 오행시를 짓고 친구들과 함께 나누어 보세요.

영 ---

원 ---

한 ---

생 ---

명 ---

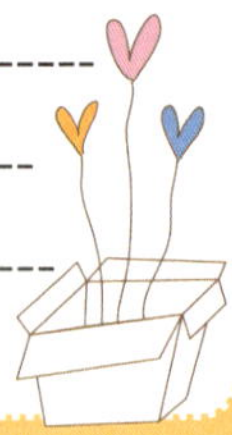

예 :

2 우리는 오직 예수님의 죽으심과 부활을 믿음으로 말미암아 영원한 생명을 얻을 수 있어요. 우리에게 주신 영원한 생명을 감사하며 다른 사람들에게 영원한 생명 되신 예수님을 전하는 편지를 보내보세요.

1. 색지나 예쁜 편지지(부록)를 준비한다.
2. 주변에 예수님을 알지 못하거나, 예수님의 사랑을 전하고 싶은 사람을 떠올린다.
3. 영원한 생명을 주신 예수님을 소개하고 전하는 편지를 적는다.
4. 전도편지를 전하기로 다짐하며 함께 기도하고 마무리한다.

말씀을 생각하며 기도해요

하나님, 우리에게 예수님을 보내주셔서 감사해요. 우리가 도마처럼 의심할 때에도 먼저 우리를 찾아와 주시고 영원한 생명이 있음을 믿게 해주셔서 감사해요. 하나님이 주신 영원한 생명을 기억하고 항상 감사하며 살아가는 우리가 되게 해주세요. 예수님의 이름으로 기도합니다. 아멘.

생명

요한이 전한 영원한 생명
(요한복음 20:31)

쏘옥! 말씀 이야기

하나님은 죄로 인해 영원히 죽을 수밖에 없는 우리를 사랑하셔서 예수님을 보내주셨어요. 예수 **그리스도**를 자신의 구원자로 믿으면 가난한 사람이나 아픈 사람이나 노예나 거지나 모든 사람들에게 구원을 베풀어 주시는 하나님의 약속이 있어요.

예수님이 십자가에 죽으시고 부활하신 후, 예수님을 믿는 사람들이 늘어 가자 로마인들은 예수님을 믿는 사람들을 핍박하고 감옥에 가두어 버렸어요. 이스라엘 사람들에게 자신들이 통제하지 못하는 힘이 생겨나는 것이 두려웠기 때문이었어요. 심지어는 예수님을 믿는다는 이유로 죽이기까지 했어요. 많은 사람들은 로마의 군인들이 무서워서 몰래 숨어서 예수님을 믿기도 했지만, 시간이 갈수록 예수님을 믿는 것을 포기하는 사람들이 생겨나기 시작했어요. 죽음이 두려웠기 때문이었어요.

요한은 이러한 모습들을 지켜보며 안타까운 마음으로 하나님께 지혜를 구하고 예수님에 대해 더 자세히 기록해 나가기 시작했어요. 되도록 더 많은 사람들이 예수님에 대해 알 수 있도록 열심히 기록했어요. 요한이 사람들에게 알리고자 한 예수님은 바로 영원한 **생명**이 되시는 예수님이었어요. 이 세상이 끝이 아니라 죽음 이후에 하나님나라가 우리를 기다리고 있고, 예수님께서 말씀하신 것처럼 누구든지 예수님을 믿기만 하면 영원한 생명을 갖게 된다는 것을 알려주고 싶었어요. 요한의 바람처럼 많은 사람들이 요한복음을 읽고 용기를 갖게 되었어요. 오늘날의 많은 사람들 역시 요한복음을 읽으며 영원한 생명이 되어주시는 예수님을 만나고 있어요.

아하! 나는 성경박사!

1 요한복음은 어떤 사람들에게 어떤 내용을 전하기 위해 기록됐는지 빈칸을 채워보세요.

오직 이것을 기록함은 너희로 ○○께서
하나님의 아들 ○○○○이심을
믿게 하려 함이요 또 너희로 믿고
그 이름을 힘입어 ○○을 얻게 하려
함이니라 (요한복음 20:31)

2 요한복음 20장 31절의 말씀을 바탕으로 아래 빈칸에 들어갈 수 있는 내용들을 생각해보고 친구들과 함께 나눠 보아요. (생명, 구원, 자유, 친구, 사랑 등)

요한은 ______이 필요한 모든 사람들에게 ________이 되시는
예수님을 전하기 위해서 요한복음을 기록했다.

꼬마 말씀사전

그리스도 : 그리스도는 하나님의 아들이신 예수님을 부르는 다른 칭호로 '기름부음을 받은 자', 즉 '구세주'를 의미해요. 죄로 인해 죽을 수밖에 없던 우리 인간들에게 예수님은 죄와 죽음으로부터 자유를 주시는 구세주, 즉 그리스도이십니다.

생명 : 생명의 사전적인 의미는 '사람이 살아서 숨 쉬고 활동할 수 있게 하는 힘'이에요. 즉 살아있는 상태를 말하지요. 그러나 그리스도인들에게 생명은 단순히 죽음의 반대의 뜻을 넘어서서 그리스도를 통해서 얻는 영원한 생명을 의미해요.

가자, 세상으로!

1 사도 요한은 영원한 생명을 주시는 예수님을 더 많은 사람들이 알기를 원했어요. 그래서 예수님이 어떤 분인지, 어떤 일을 하셨는지 자세히 기록했어요. 내가 알고 있는 예수님, 내가 들은 예수님의 이야기를 적어 보세요.

〈 Everything about **JESUS** 〉	
• 태어난 장소 (마 2:1)	
• 예수님의 이름과 뜻 (마 1:21)	
• 예수님의 말씀 중에 기억에 남는 말씀	
• 예수님의 사역 중에 기억에 남는 사역	
• 나에게 예수님을 전해준 사람	
• 내가 예수님을 전해준 사람	

2 우리에게 생명 주신 예수님을 기억하며 함께 얼음땡 놀이를 한다.

진행방법

① 술래교사는 "죽음"이라는 글씨가 붙은 머리띠나 가슴띠를 하고 어린이들을 잡으러 다닌다.
② 어린이들은 술래에게 잡힐 것 같으면 "죽음"이라고 외치고 그 자리에 가만히 서 있는다. 술래에게 잡혀도 움직일 수 없다.
③ 다른 사람이 와서 "예수님"이라고 쳐주면, "생명"이라고 외친 후 다시 움직일 수 있다.
④ 술래가 바뀌면 모두에게 "죽음"이라고 알리고 놀이를 계속 진행한다.

말씀을 생각하며 기도해요

하나님 아버지, 세상의 그 어떤 것도 주님의 사랑에서 우리를 멀어지게 할 수 없음을 알게 해주셔서 감사합니다. 사도 요한과 같이 저희도 하나님의 사랑과 예수님이 영원한 생명이 되어주신다는 것을 전하게 해주세요. 사람들이 영원한 생명을 주시는 주님과 기쁨의 삶을 살아갈 수 있도록 도와주세요. 예수님의 이름으로 기도합니다. 아멘.

협동

함께 힘을 모아요
(출애굽기 17:8~16)

쏘옥! 말씀 이야기

이스라엘 백성들이 광야에 있을 때의 일이에요. **아말렉**이 쳐들어와 이스라엘은 전쟁을 준비하게 되었어요. 모세는 여호수아를 전쟁에 보내면서 "너는 군사를 모아 아말렉과 싸워라. 나는 하나님께 기도하기 위해 산꼭대기에 서겠다"고 말하면서, 기도로 힘을 보태겠다고 약속했어요.

전쟁이 일어났어요. 여호수아는 군사들과 함께 열심히 싸웠고 모세는 아론, 훌과 함께 산꼭대기에 올라갔어요. 그리고 두 팔을 들고 열심히 기도했어요. 그런데 이상하게도 모세가 손을 들고 기도하면 이스라엘이 전쟁에서 이기고, 모세가 피곤하고 지쳐서 손을 내리면 이스라엘이 전쟁에서 지는 것이에요. 아론과 훌은 모세의 손이 내려가 기도가 멈춰지지 않도록 협동하기로 결심했어요. 그리고는 돌을 가져다가 모세를 그곳에 앉히고, 아론과 훌이 모세의 팔을 하나씩 붙들고 함께 기도했어요. 아론과 훌이 마음과 힘을 모아 협동하자 모세는 지치지 않고 기도를 이어나갈 수 있었어요. 이들의 협동으로 인해 이스라엘은 전쟁에서 이겼어요. 보이지 않는 협조자 하나님께서 이스라엘을 도와주셨기 때문에 승리할 수 있었어요. 이스라엘 백성들은 모두 전쟁을 도우신 하나님을 기억하며 "**여호와 닛시**"라고 찬양했어요.

협동은 많은 사람들이 하나의 목표를 이루기 위해 힘과 마음을 모으는 것을 말해요. 그런데 우리에게 가장 중요한 협동은 바로 하나님의 도움을 구하는 것이에요. 모세가 기도로 하나님의 도움을 구한 것처럼 말이에요. 우리도 어렵고 힘든 일이 있을 때, 하나님의 도움을 구하면 하나님께서 우리와 함께해 주실 거예요. 그리고 아론과 훌, 여호수아가 열심히 협동한 것처럼 우리도 서로 협동해요.

아하! 나는 성경박사!

1 전쟁을 앞둔 여호수아에게 모세는 무엇으로 협동하겠다고 말하였는지 위의 이야기에서 찾아 적어 보세요.

우리를 위하여 사람들을 택하여 나가서
아말렉과 싸우라 내일 내가 ____________ 위해
산꼭대기에 서리라

2 모세가 기도하며 힘들어 할 때, 아론과 훌은 어떤 도움을 주었나요? 모세의 그림을 보며 아론과 훌의 모습을 그려보세요.

꼬마 말씀사전

아말렉 : 에서의 후손에서 나온 족속으로(창 36:15,16) 시내 산과 아라비아 반도를 포함한 팔레스타인 남부 지역에 거주하였던 족속이에요. 또 이스라엘이 광야에 있고 가나안에서 살 때에도 계속해서 이스라엘을 괴롭힌 족속이지요.

여호와 닛시 : '여호와는 나의 깃발이시다' 라는 뜻이에요. 이스라엘은 아말렉과의 전쟁에서 승리하자 하나님 앞에 제단을 쌓고 예배드리며 그곳을 '여호와 닛시' 라고 불렀어요. 전쟁을 이끄신 하나님을 기억하기 원하는 이스라엘 백성들의 노력이었어요.

가자, 세상으로!

1 이스라엘 백성들은 서로 힘을 합하여 아말렉과 열심히 싸웠어요. 우리도 서로 믿고 힘을 합쳐 어려운 일에 도전해 볼까요?

진행방법

① 반 친구들과 함께 둥그렇게 선다.

② 최대한 서로 간격을 좁히고 선생님의 이야기를 듣는다.
"서로 힘을 모아 협동하려면 서로에게 믿음이 있어야 해요. 그리고 모두 함께 힘을 내야 해요. 이제 서로 힘을 내어 서로를 지탱해주는 시간을 가져보겠어요."

③ 선생님의 설명에 따라 서로의 간격을 좁혀 뒷사람 무릎 위에 앉는다.

④ 서로 믿고 힘을 합쳐야만 무너지지 않음을 알려준다.

*반별로 진행 후 한 반씩 더해서 우리 부서 전체가 앉아보는 것도 좋은 경험이 될 것이다.

2 진정한 협동은 우리의 힘을 합치고, 또한 하나님의 도우심이 있어야 해요. 우리 반 친구들과 서로 협동할 것을 다짐하며 아래 칸을 채워보세요.

진행방법

① 다짐문 두 번째 밑줄에 자신의 이름을 적는다.

② 반 친구들과 함께 협동할 것을 약속하며 다짐문 첫 번째 밑줄에 돌아가면서 사인한다.

③ 한 사람씩 친구들의 도움과 협동이 필요한 부분을 돌아가면서 이야기한다.

④ 하나님께 도움을 구하는 기도를 하며 마무리한다.

우리 반 다짐

__________________는

우리 반 친구 ____________가

도움과 협동을 구할 때

함께해줄 것을 약속합니다.

하나님의 도우심을 구하는 기도를

함께할 것을 약속합니다.

_____반

말씀을 생각하며 기도해요

하나님, 저에게 많은 친구들과 가족을 주셔서 어렵고 힘이 들 때 함께 협동할 수 있게 해 주시니 감사해요. 나도 다른 사람들을 돕는 협동의 어린이가 되게 해주세요. 또 언제나, 누구보다 먼저 하나님의 도움을 구하며, 순종하는 어린이가 되게 해주세요. 예수님의 이름으로 기도합니다. 아멘.

협동

협력해서 승리해요
(느헤미야 4:16~18)

쏘옥! 말씀 이야기

이스라엘 백성들은 긴 포로생활을 마치고, 하나님의 뜻에 따라 예루살렘으로 돌아가 **성벽**을 쌓게 되었어요. 이 소식을 들은 이웃나라 사람 산발랏과 도비야는 이스라엘 사람들을 업신여기고 비웃으며 말했어요.
"여우 한 마리가 기어 올라가도 무너지겠네."
하지만 이스라엘 사람들은 힘을 합하여 더욱 열심히 성벽을 쌓았어요. 사람들은 물을 길어 오기도 하고, 벽돌을 쌓기도 하고, 흙을 바르기도 하고, 음식을 나르기도 했어요. 성벽을 쌓기 위해 서로 일을 나누고 함께하며, 한 마음 한 뜻으로 열심히 성벽을 쌓았어요. 역할을 나누어 함께 일하니 일이 더 쉽고 즐겁게 느껴졌어요.
열심히 일하는 모습을 보고 이웃에 더 많은 사람들이 무기를 들고 와 위협하기 시작했어요. 이스라엘 사람들은 큰 위기 앞에 하나님께 기도를 드렸어요. 그리고 경비병을 세워, 밤낮으로 지켰어요. 짐을 나르는 이들은 한 손으로는 짐을 나르고, 다른 한 손으로는 무기를 잡았어요. 사람들은 저마다 한 손에는 칼과 창과 활을 들고, 다른 손으로는 성벽을 쌓았어요. 느헤미야는 하나님께 도움을 구하는 기도를 드리며, 협동해서 열심히 성벽을 쌓는 이스라엘 사람들을 격려했어요. **나팔 부는 사람**은 항상 느헤미야 곁에 서서 혹시 다가올 공격을 경계하며 준비하였어요.
서로 협동하며 도운 이스라엘 사람들은 52일 만에 성벽 쌓기를 마치게 되었어요. 여러 가지 어려움이 있었지만 하나님이 원하시는 일을 서로 돕고 힘을 합쳐 공동의 목표를 잘 마칠 수 있었어요.

아하! 나는 성경박사!

1 이스라엘 백성들이 하나님의 뜻에 따라 예루살렘 성벽을 쌓기 시작한다는 소식을 듣고 화를 내며 방해했던 대표적인 두 사람의 이름은 무엇인가요? 암호를 풀어 맞춰보세요. (느헤미야 4:7)

◆	☆	※	♧	☆	♡	♡	☆	◆

과

♪	∞	♧	§	♨	☞

암호 힌트

※	♪	♡	♧	◆	♨	☆	∞	§	☞
ㄴ	ㄷ	ㄹ	ㅂ	ㅅ	ㅇ	ㅏ	ㅗ	ㅣ	ㅑ

2 이스라엘 백성들은 이스라엘 성벽 재건이라는 공동의 목표를 위해 각자 맡은 역할에 따라 열심히 협력하였어요. 각자 어떤 역할들을 했는지 찾아서 밑줄을 긋고, 가장 기억에 남는 일을 아래에 써 보세요. 그리고 이유를 설명해 보세요.

이스라엘 백성들은 각자 맡겨진 일을 열심히 했어요.
그 중 ______________________ 기억에 남아요.

꼬마 말씀사전

성벽 : 성곽의 담벼락을 말하는 것으로, 바벨론의 침입을 받아 무너졌던 예루살렘 성벽은 느헤미야를 통해 새로 재건하라는 하나님의 명령에 따라 재건되었어요.

나팔 부는 사람 : 적의 공격을 알리기 위해 가장 먼저 신호를 보내는 일을 담당하는 사람을 말해요. 작은 역할처럼 보이지만 항상 주위를 돌아보며 경계를 게을리 하지 않아야 하는 큰 역할을 맡고 있지요.

가자, 세상으로!

1 혼자서는 무겁고 힘든 일도 함께 협동하면 쉽게 해결할 수 있답니다. 친구들과 협동하여 문제를 해결해 보세요.

진행방법

1. 반을 두 개의 모둠으로 나눈다. (반별로 할 수도 있다.)
2. 각자의 소지품이나 옷가지 등을 이용하여 긴 줄을 만든다.
3. 여러 가지 소품을 이용하여 가장 긴 줄을 만든 팀이 승리한다.
4. 돌아가면서 함께 협동할 때 좋은 점이 무엇인지 나누는 시간을 갖는다.

2 이스라엘 사람들은 여러 가지 어려운 상황 속에서도 서로 협동하여 52일 만에 성벽을 재건했어요. 나는 무엇으로 누구와 협동할 수 있을까요? 아래 칸에 내가 할 수 있는 협동과 협동의 내용을 써 보세요.

가정에서	교회에서	학교에서
 예) 내 방 정리는 내가 해요.	 예) 찬양율동을 열심히 해요.	 예) 다른 친구의 숙제를 도와줘요.

말씀을 생각하며 기도해요

하나님의 뜻으로 우리를 부르신 하나님, 하나님의 부르심에 감사합니다. 한 마음, 한 뜻으로 힘을 합하여 하나님이 기뻐하시는 일을 위해 노력하고 목표를 이루는 어린이 되게 도와주세요. 우리 각자에게 맡겨진 일들을 성실하게 감당할 수 있는 힘을 주세요. 예수님의 이름으로 기도합니다. 아멘.

지혜

하나님께 지혜를 구한 다니엘
(다니엘 2:17~23)

쏘옥! 말씀 이야기

다니엘과 세 친구에게 큰 일이 생겼어요. 느부갓네살 왕이 나라에 있는 모든 지혜자들을 죽이라고 명령했기 때문이에요. 느부갓네살 왕이 이렇게 무서운 명령을 내린 이유는 며칠 전 꾼 꿈 때문이었어요. 이상한 꿈을 꾼 왕은 걱정이 되어 잠을 잘 수가 없었어요. 그래서 나라에서 가장 똑똑하고 지혜롭다는 사람들에게 자신이 꾼 꿈을 알아맞히고 해석해 오라고 명령했어요. 하지만 **바벨론**의 똑똑하다는 어느 누구도 왕의 꿈을 알아맞힐 수가 없었어요. 지혜자들의 목숨이 위태로운 이 때, 하나님을 믿는 다니엘이 나섰어요. 왕께 시간을 조금 더 줄 것을 요구하고는 자신과 함께 이스라엘에서 포로로 잡혀 온 세 친구에게 말했어요. "하나님께 비밀을 알게 해주시기를 기도하자."

다니엘과 세 친구는 이 문제를 해결하실 분은 하나님밖에 없음을 알았어요. 포로로 잡혀왔지만 하루에 세 번씩 기도하던 다니엘은 친구들과 함께 지혜를 주시는 하나님께 기도했어요. "하나님은 때와 계절을 바꾸시며 왕들을 폐하시고 왕들을 세우시며 지혜자에게 지혜를 주시고 총명한 자에게 지식을 주십니다."

다니엘과 친구들이 하나님께 지혜를 구하자 하나님께서 느부갓네살 왕의 꿈 내용과 앞으로 일어날 일에 대해서 알려주셨어요. 다니엘은 하나님이 알려준 대로 왕에게 알려주었고, 세상의 모든 지혜를 다스리시는 하나님을 높이며 찬양했어요.

아하! 나는 성경박사!

1 느부갓네살 왕이 어떤 명령을 내렸나요? 빈 칸에 적어 보고, 사람들의 반응이 어떠했는지 이야기해보세요.

2 왕의 명령에 다니엘과 친구들은 지혜를 얻기 위해 어떻게 노력했나요? 윗글에서 찾아 밑줄쳐보고, 빈 칸에 적어 보세요.

__________께
비밀을 알게 해주시기를
__________하자.

꼬마 말씀사전

다니엘 : 이름의 뜻은 '하나님이 나의 재판장이심' 이에요. 바벨론에 포로로 잡혀갔으나 항상 하나님께 기도하며 지혜를 구한 다니엘은 용모가 아름답고 영특해서 왕궁에서 일하게 되었어요. 하나님의 도우심으로 왕의 꿈을 해몽해 준 일로 바벨론에서 최고의 지혜자가 되어 높은 자리에 올랐어요.

바벨론 : 그 뜻은 '혼란케 하다' 로, B.C. 586년 이스라엘을 침공하여 포로로 잡아갔어요. 느부갓네살 왕 때 강대국으로 번영하였으나 B.C. 539년에 페르시아에 점령된 후 점차 쇠퇴하였어요.

가자, 세상으로!

1 다니엘이 왕의 꿈을 해석함으로 바벨론의 모든 지혜자들이 살 수 있었어요. 다니엘이 어떻게 지혜를 얻게 되었는지 함께 기사를 만들며 확인해 보세요.

❶ 다니엘이 지혜를 얻은 방법을 육하원칙에 따라 확인한다.

❷ 반 어린이들이 각자 아나운서가 되어 육하원칙에 내용을 덧붙여 발표해 본다.

누가		무엇을	
언제		어떻게	
어디서		왜	

예 : 11시 뉴스 ○○○입니다. 오늘 다니엘이 왕의 꿈을 해석해냈습니다. 그 자세한 사건의 현장으로 함께 가시죠. 다니엘과 친구들은 하나님께 지혜를 구하기 위해서 함께 기도했다고 합니다.

2 하나님이 주시는 지혜로 매일매일 멋지게 살 것을 다짐하며, 내 옆에 가까이 두고 기억할 지혜의 말씀을 책갈피로 만들어 보세요.

준비물 : 말씀 책갈피(부록), 투명시트지(손코팅지), 가위, 사인펜, 색연필, 스티커

❶ 부록의 말씀 책갈피나 색지에 지혜의 말을 펜으로 적는다.

지혜 말씀 예 : 단 2:20, 단 12:3, 잠 3:18, 잠 9:10, 엡 5:15 말씀, 하나님께 지혜를 구하는 어린이!, 하나님은 지혜를 구하는 사람에게 지혜를 주신다 등

❷ 색연필이나 스티커 등으로 예쁘게 꾸민다.

❸ 말씀 책갈피를 코팅하고 모양에 맞게 오린다.

말씀을 생각하며 기도해요

지혜의 하나님! 세상을 지으시고 나를 지으신 하나님의 놀라우신 지혜를 찬양합니다. 세상의 어떤 것도 하나님의 지혜보다 더 지혜로울 수 없음을 믿어요. 다니엘처럼 하나님의 지혜를 구하는 저와 친구들이 되게 해주세요. 하나님의 지혜로운 자녀가 되어 더욱 아름다운 세상을 만들어가길 소망하며 예수님의 이름으로 기도합니다. 아멘.

지혜

지혜로운 예수님

(누가복음 2:41~52)

쏘옥! 말씀 이야기

해마다 **유월절**이 되면, 마리아와 요셉은 예루살렘으로 향했어요. 예수님이 열두 살 되는 해, 유월절 **관습**에 따라 부모님과 함께 예루살렘으로 올라갔지요. 절기가 끝난 후 집으로 돌아갈 때에 예수님은 예루살렘에 남아 있었지만 예수님의 부모님은 그 사실을 몰랐어요. 그리고 하룻길을 지나고 나서야 예수님이 사라진 사실을 알게 되었어요. 예수님의 부모님은 이리저리로 예수님을 찾아 헤맸어요. 그러다 예루살렘 성전에서 성경을 가르치는 선생님들과 이야기하고 있는 예수님을 발견했어요.

“어린아이가 어떻게 이렇게 지혜롭게 대답할 수 있지?”, “이 아이는 정말 지혜로운 아이에요!”

성경을 가르치는 선생님들은 어린 예수님의 지혜와 대답에 놀라며 예수님을 칭찬했어요.

성전에서 성경 선생님들과 이야기를 나누는 것을 본 마리아는 예수님께 이야기했어요.

“얘야, 네 아버지와 내가 너를 찾느라 정신없이 돌아다녔단다.”

이 이야기를 들은 예수님은 오히려 이렇게 말합니다.

“왜 저를 찾으셨습니까? 내가 아버지 집에 있어야 될 줄을 알지 못하셨습니까?”

그러나 요셉과 마리아는 예수님이 무슨 말씀을 하시는지 이해할 수 없었어요. 이후 예수님은 고향인 나사렛으로 돌아와 부모님께 순종하며 살았어요. 그리고 예수님은 몸이 점점 자라듯이 지혜 또한 점점 더 자라, 하나님이 일하실 그때를 위해 열심히 준비했어요. 그리고 그로인해 예수님은 하나님이 보시기에, 사람이 보기에 점점 더 사랑스러워가셨어요.

아하! 나는 성경박사!

1 위의 이야기를 기억하며, 그림의 순서를 정하고, 이야기를 만들어 보세요.

제목 :

작가 :

2 요셉과 마리아가 예수님을 찾았을 때에 예수님은 어디에서 무엇을 하고 있었나요? 왜 그 곳에 있었나요?

예수님은 ________ 에서 ______ 하고 있었어요.

꼬마 말씀사전

유월절 : 유대교의 3대 절기 중 하나예요. 이스라엘 백성이 이집트를 탈출하기 전날 밤 하나님이 애굽 모든 집의 장남을 죽였어요. 하지만 이스라엘 백성의 집에는 어린 양의 피를 문설주에 바르게 하여 그 표지가 있는 집은 그냥 지나친 하나님의 구원을 기념하는 날이지요(출 12:3~49).

관습 : 관습이란 어떤 사회에서 오랫동안 지켜 내려와 그 사회 성원들이 널리 인정하는 질서나 풍습을 말해요. 유대인(성인 남자)들은 해마다 세 차례씩(장막절, 유월절, 오순절) 예루살렘에 올라가 하나님께 예배를 드렸어요(출 23:17; 34:23, 신 16:16).

가자, 세상으로!

1 우리 몸이 건강하게 자라기 위해서는 골고루 먹고 운동도 해야 해요. 우리의 지혜가 자라기 위해서는 어떠한 노력을 해야 할까요? 몸과 지혜가 자라기 위한 방법을 그리거나 적어 보세요.

2 우리 주위에는 지혜로운 말씀과 지혜로운 이야기들이 많이 있어요. 내가 아는 지혜의 말씀과 지혜로운 말들을 찾아서 친구들과 함께 지혜 사전을 만들어보아요.

❶ 자신이 알고 있는 지혜의 말씀과 지혜에 관한 속담, 명언들을 나눈다.

❷ 이러한 말씀과 이야기들이 어떠한 뜻인지 생각해 본다.

❸ 아래 순서에 따라 부록자료를 오려 기본책접기를 한다.

❹ 자신의 책에 지혜의 말씀, 명언, 다짐을 적고 어떠한 때에 읽고 사용할 지에 대해서 이야기해 본다.

〈기본 책 접기〉

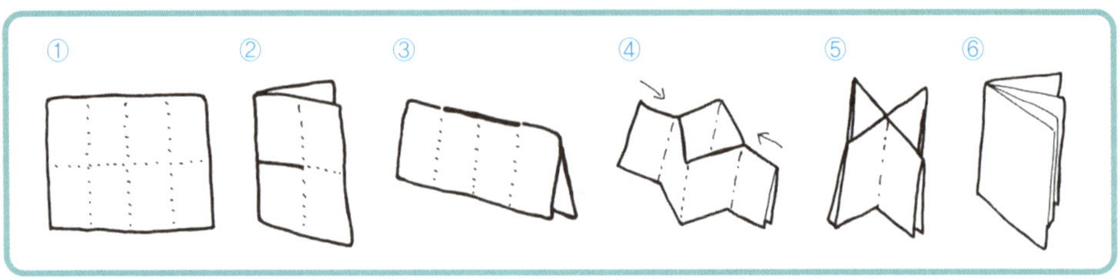

말씀을 생각하며 기도해요

하나님, 우리에게 지혜를 주셔서 감사해요. 우리도 예수님의 모습을 본받는 어린이가 될게요. 그래서 키가 자라는 것처럼 지혜도 자라서 하나님과 사람들에게 사랑스러워 가는 지혜로운 어린이가 될게요. 하나님이 도와주세요. 예수님의 이름으로 기도합니다. 아멘.

섬김 14쪽 섬김 쪽지

이름

장소

시간

섬김 방법

생명 18쪽 전도 편지

지혜 26쪽 말씀 책갈피

지혜 28쪽 기본 책 접기

——— 절제선 - - - - - 접는선